AUX ELECTEURS

DE

MAINE ET LOIRE.

OBSERVATIONS

SUR LA LOI DU 2 JUILLET 1828.

AUX ÉLECTEURS

DE

MAINE ET LOIRE.

Électeurs, c'est pour la seconde fois que nous nous adressons à vous. L'année dernière, lorsque nous fîmes un appel à votre courage, à votre patriotisme, la cause de la liberté semblait presque perdue, et sans votre énergie, sans votre activité infatigable, peut-être en effet l'était-elle. Mais un jour plus heureux s'est levé sur notre pays : la France, menacée dans ses intérêts les plus chers, s'est réveillée de l'espèce d'engourdissement où elle semblait plongée, et a montré un dévouement proportionné au danger qui l'entourait. Le *Ministère déplorable* est tombé honteusement à l'approche de la majorité sortie des colléges électoraux : il avait voulu tromper la Nation, et il comptait, comme en 1824, au moyen de la fraude, de la violence et de la corruption, faire surgir de vos scrutins les mêmes hommes qui l'ont si servilement secondé pendant cinq années. Grâces vous soient rendues ! ses calculs ont été déçus, son audace déjouée, et de ces colléges électoraux, encore tout mutilés, au lieu des amis complaisants qu'il attendait pour porter les derniers coups à la Charte, il a vu s'avancer des juges sévères qui allaient lui demander compte de ses méfaits. Il a fui sans même oser combattre ; et le Roi, qu'il avait indignement trompé sur les vœux et les besoins de ses peuples, s'est entouré de conseillers dont les premiers actes, empreints de bonne foi et de franchise, ont été un désaveu complet des turpitudes de leur devanciers. La tribune nationale a dévoilé les menées honteuses auxquelles s'étaient livrés les hommes chargés de vous administrer ; elle les a flétris d'un sceau réprobateur, et pas une voix amie ne s'est élevée pour les défendre.

La cause de la Monarchie constitutionnelle est donc désormais gagnée ; celle du Jésuitisme et de l'absolutisme perdue sans retour. La chambre et le nouveau ministère ont compris leur position ; ils ont senti que la base constitutive de notre gouvernement était la franchise de la presse et la liberté des élections; et leurs premiers coups se sont dirigés sur l'édifice hideux si astucieusement construit par l'ancienne administration. C'est à ce concours que nous devons les nouvelles lois sur la liberté de la presse, et *sur la révision annuelle des listes électorales et du jury.* Par l'une, la presse a été dégagée de ses entraves ; et la pensée, contenue dans des bornes, rigoureuses sans doute, mais peut-être nécessaires, peut aujourd'hui exercer son utile influence sur la société. Par l'autre, la surveillance des listes est confiée à vos soins. Dans cette loi repose tout notre avenir, et c'est de l'usage que nous en saurons faire que dépend le perfectionnement et la conservation de nos institutions ; elle contient trois dispositions principales : la *permanence des listes*, *l'intervention des tiers* et la *juridiction des cours royales* substituées à celle du *conseil d'état.*

La permanence des listes dispense les Electeurs déjà inscrits, et qui n'ont point perdu la capacité électorale, de faire des justifications nouvelles. Ainsi, tous ceux qui ont voté l'année dernière, et qui n'ont éprouvé aucune diminution dans la quotité de leurs impôts, sont maintenus de droit sur les listes qui paraîtront le 15 octobre (a); ils ne pourront en être retranchés que sur une décision *motivée* du Préfet, qui doit leur être notifiée dans le délai de dix jours.

La rectification de cette année a un caractère particulier : c'est la première fois que vous êtes admis à l'exercice du droit de contrôle et de vérification. Les Electeurs auront à s'occuper de la rectification ordinaire, c'est-à-dire du retranchement de ceux qui ont perdu le droit électoral et de l'addition de ceux qui l'ont acquis depuis les dernières élections; et ensuite de la rectification extraordinaire, c'est-à-dire des erreurs de l'an dernier.

Faux Electeurs ;

Electeurs véritables omis ou rayés ;

Electeurs dont les contributions avaient été diminuées ou augmentées pour faire entrer les uns au grand collége et en écarter les autres.

La rectification extraordinaire n'est pas moins importante que l'autre, et nous ne saurions trop engager les Electeurs à y apporter tous leurs soins. Pour arriver à ce but, le concours de tous

---

(a) Par l'Art. 28 de la Loi du 2 juillet, toutes les opérations ont été retardées de deux mois pour cette année : cette disposition résulte de la date même de la Loi. L'année prochaine, les premières listes seront publiées le 15 août, et closes le 16 octobre.

est nécessaire, et nous le réclamons hautement. C'est un devoir pour tout Electeur de désigner ceux qui négligeraient de se faire inscrire, c'en est un non moins pressant de signaler ceux qui figurent sans titre sur les listes. Mais, comme il pourrait être pénible, impossible même à des citoyens isolés de faire les démarches et poursuites nécessaires, un nouveau *bureau consultatif* vient d'être nommé par une réunion nombreuse d'Electeurs ; ce bureau recevra toutes les pièces et renseignements qui lui seront adressés, et fera immédiatement usage de tous ceux qui seront reconnus exacts (*b*). L'année dernière, lorsque la censure rendait les journaux muets, et que le Ministère avait imprimé une espèce de terreur en faisant traiter de révolutionnaires, par ses feuilles, ceux qui osaient manifester de l'opposition à sa marche, un bureau semblable fut institué, et ses soins, ses travaux ne furent pas infructueux.

(*b*) Le bureau consultatif est composé de douze membres, qui sont Messieurs :

Monnier, conseiller à la cour Royale ;

Delaunay, officier retraité ;

Bergette, propriétaire ;

Chevré-Bouchet, président du tribunal de commerce ;

Saulnier, négociant ;

Gillard, avoué ;

Lemasson, propriétaire ;

Victor Larevellière, propriétaire ;

Charles Mouden-Gennevraye, avocat ;

Frédéric Riobé, avocat ;

De Marcombe, propriétaire ;

A. Giraud, négociant, membre du tribunal de commerce ;

Il se réunit tous les lundis, chez M. de Marcombe, rue Saint-Julien n° 22, à Angers.

Ce droit de contrôle constitue *l'intervention des tiers*. Pour parvenir à l'exercer, tout individu inscrit sur les listes peut se faire délivrer par les percepteurs, moyennant 25 centimes par extrait de rôle concernant le même contribuable, tout relevé d'impôts ou tout *certificat négatif*. Ce dernier est un certificat constatant que tel individu inscrit sur la liste comme payant des contributions dans un arrondissement, n'y paie réellement aucune contribution.

Tout Electeur qui, pour éviter de se déplacer, chargera un tiers de faire les démarches nécessaires pour obtenir son inscription, devra lui donner une procuration ; il sera suffisant que cette procuration soit sous signature privée, mais elle devra être sur papier timbré, et enregistrée ; en outre, elle devra être spéciale, c'est-à-dire énonçant le motif pour lequel elle a été donnée.

Tout Electeur qui réclamera l'inscription ou la radiation d'un autre Electeur, devra y joindre la preuve que sa demande a été par lui notifiée à la partie intéressée, sans quoi elle ne serait pas admise. Cette notification ne peut se faire que par le ministère d'un huissier. La partie a dix jours pour y répondre, à partir de la notification. (Art. 13)

La *juridiction des cours royales* substituée à celle du conseil d'état est un bienfait immense de la nouvelle loi. On ne verra plus se renouveler ces scandaleux conflits qui rendaient l'administration juge et partie dans sa propre cause, et qui confiaient les droits électoraux à des fonctionnaires révocables à volonté. Toutes les contestations électorales, de quelque nature qu'elles soient, seront désormais portées devant cette magistrature qui, pour nous servir des expressions d'un de ses plus nobles chefs, *rend des arrêts et non des services* ; de cette magistrature qui, la première, donna l'exemple d'une généreuse indépendance, et qui peut-être, par sa résistance à l'arbitraire, fut la première cause de la chute du ministère de funeste mémoire.

Ici se borneront nos observations. Nous ne pouvons discuter,
article par article, toute la loi nouvelle ; votre intelligence suppléera facilement à ce que nous ne vous disons pas. Nous vous
avons exposé les trois points caractéristiques de la loi ; vous en
trouverez le texte à la fin de cet écrit. Pénétrez-vous bien de l'importance de la vérification de cette année, et montrez que les
garanties que l'on vient de vous donner ne seront point des armes
inhabiles à vous protéger. Ne vous endormez pas dans une trompeuse
sécurité, car, pour avoir vaincu un jour, gardez-vous de croire
qu'on ne puisse encore vous arracher la victoire. Autour de vous,
la faction battue s'agite sans cesse pour ressaisir le pouvoir qu'elle
regarde comme son patrimoine. Elle évoque le fantôme du jacobinisme ; et, confondant à dessein les temps et les personnes, elle
cherche à effrayer la conscience des bons citoyens par le tableau
hideux des scènes de 1793. Aux fureurs délirantes d'un parti qui
s'éteint, n'opposons que le calme qui convient à une bonne cause :
répondons par notre modération aux injures qu'elle nous prodigue.
Que l'existence probable de la chambre nouvelle ne vous refroidisse
point dans vos démarches : qui peut prévoir les événements ? Le
retour sincère à l'esprit littéral de la Charte ne fera-t-il pas renoncer à la septennalité ? Ne pouvons-nous pas avoir à renouveler
une partie de notre députation ? Enfin, Electeurs, ne pouvons-
nous pas être appelés, peut-être prochainement, à d'autres fonctions
que celles d'élire les députés ?

Inscrivez-vous donc, vous tous qui voulez le maintien de nos
institutions constitutionnelles avec la dynastie des Bourbons ; vous
tous qui détestez l'oppression et l'arbitraire, qui désirez voir fleurir
les arts et l'industrie au sein d'une sage liberté. Rappelez-vous

ce que quelques jours de zèle et d'union ont pu faire, quand nous avions à lutter contre l'audace et la mauvaise foi ! Aujourd'hui notre tâche est devenue plus facile : que votre concours, que votre attitude rende impossible le retour à ces aberrations *déplorables*, et cimente à jamais l'heureuse alliance de ces deux mots si chers à la France, *le Roi et la Charte !*

LOI sur la Révision annuelle des Listes électorales et du Jury.

Au château de Saint-Cloud, le 2 Juillet 1828.

CHARLES, par la grâce de Dieu, Roi DE FRANCE ET DE NAVARRE, à tous présens et avenir, SALUT.

Nous avons proposé, les Chambres ont adopté, NOUS AVONS ORDONNÉ et ORDONNONS ce qui suit :

TITRE Iᵉʳ.

Révision annuelle des Listes électorales et du Jury.

ART. 1ᵉʳ Les listes faites en vertu de la loi du 2 mai 1827 sont permanentes, sauf les radiations et inscriptions qui peuvent avoir lieu lors de la révision prescrite par la présente loi.

Cette révision sera faite conformément aux dispositions suivantes.

2. Du 1ᵉʳ au 10 juin de chaque année, et aux jours qui seront indiqués par les sous-préfets, les maires des communes, composant chaque canton, se réuniront à la mairie du chef-lieu sous la présidence du maire, et procéderont à la révision de la portion de la liste formée en vertu de la loi du 2 mai 1827, qui comprendra les citoyens de leur canton appelés à faire partie de cette liste.

Ils se feront assister des percepteurs de l'arrondissement cantonnal.

3. Dans les villes qui forment à elles seules un canton, ou qui sont partagées en plusieurs cantons, la révision des listes sera effectuée par le maire, les adjoints, et les trois plus anciens membres du conseil municipal, selon l'ordre du tableau. Les maires des communes qui dépendraient de l'un de ces cantons seront aussi appelés à la révision ; ils se réuniront tous sous la présidence du maire de la ville.

A Paris, les maires des douze arrondissements, assistés des percepteurs, procéderont à la révision sous la présidence du doyen de réception.

4. Le résultat de cette opération sera transmis au sous-préfet, qui, avant le 1er juillet, l'adressera, accompagné de ses observations, au préfet du département.

5. A partir du 1er juillet, le préfet procédera à la révision générale de la liste.

6. Il y ajoutera les citoyens qu'il reconnaîtra avoir acquis les qualités requises par la loi, et ceux qui auraient été précédemment omis.

Il en retranchera,

1° Les individus décédés ;

2° Ceux qui auront perdu les qualités requises ;

3° Ceux dont l'inscription aura été déclarée nulle par les autorités compétentes ;

4° Enfin ceux qu'il reconnaîtrait avoir été indûment inscrits, quoique leur inscription n'eût pas été attaquée.

Il tiendra un registre de toutes ces décisions, et il fera mention de leurs motifs et des pièces à l'appui.

7. La liste ainsi rectifiée par le préfet sera affichée, le 15 août, au chef-lieu de chaque commune, et déposée au secrétariat des mairies, des sous-préfectures et de la préfecture, pour être

donnée en communication à toutes les personnes qui le requerront.

Elle contiendra, en regard du nom de chaque individu inscrit sur la première partie de la liste, l'indication des arrondissements de perception où il paie des contributions, propres ou déléguées, ainsi que la quotité et l'espèce des contributions pour chacun de ces arrondissements.

8. La publication prescrite par l'article précédent tiendra lieu de notification des décisions intervenues aux individus dont l'inscription aura été ordonnée.

Toute décision ordonnant radiation sera notifiée dans les dix jours à celui qu'elle concerne, ou au domicile qu'il sera tenu d'élire pour l'exercice de ses droits politiques, s'il n'habite pas le département.

Cette notification et toutes celles qui doivent avoir lieu, aux termes de la présente loi, seront faites suivant le mode employé jusqu'à présent pour les jurés, en exécution de l'article 389 du Code d'instruction criminelle.

9. Après la publication de la liste rectifiée, il ne pourra plus y être fait de changement qu'en vertu de décisions rendues par le préfet en conseil de préfecture dans les formes ci-après.

TITRE II.

Des Réclamations sur la Révision des Listes.

10. A compter du 15 août, jour de la publication, il sera ouvert au secrétariat général de la préfecture un registre coté et paraphé par le préfet, sur lequel seront inscrites, à la date de leur présentation, et suivant un ordre de numéros, toutes les réclamations concernant la teneur des listes. Ces réclamations seront signées par le réclamant ou par son fondé de pouvoirs.

Le secrétaire général donnera récépissé de chaque réclamation et des pièces à l'appui. Ce récépissé énoncera la date et le numéro de l'enregistrement.

11. Tout individu qui croirait devoir se plaindre, soit d'avoir été indûment inscrit, omis ou rayé, soit de toute autre erreur commise à son égard dans la rédaction des listes , pourra, jusqu'au 30 septembre inclusivement, présenter sa réclamation, qui devra être accompagnée de pièces justificatives.

12. Dans le même délai, tout individu inscrit sur la liste d'un département pourra réclamer l'inscription de tout citoyen qui n'y serait pas porté, quoique réunissant toutes les conditions nécessaires, la radiation de tout individu qu'il prétendrait y être indûment inscrit, ou la rectification de toute autre erreur commise dans la rédaction des listes.

Il devra motiver sa demande et l'appuyer de pièces justificatives.

13. Aucune des demandes énoncées en l'article précédent ne sera reçue, lorsquelle sera formée par des tiers, qu'autant que le réclamant y joindra la preuve qu'elle a été par lui notifié à la partie intéressée, laquelle aura dix jours pour y répondre à partir de celui de la notification.

14. Le préfet statuera en conseil de préfecture sur les demandes dont il est fait mention aux articles 11 et 12 ci-dessus, dans les cinq jours qui suivront leur réception, quand elles seront formées par les parties elles-mêmes ou par leurs fondés de pouvoirs ; et dans les cinq jours qui suivront l'expiration du délai fixé par l'article 13, si elles sont formées par des tiers.

Ses décisions seront motivées.

La communication, sans déplacement, des pièces respectivement produites sur la question en contestation, devra être donnée à toute partie intéressée qui le requerra.

15. Il sera publié tous les quinze jours un tableau de rectification conformément aux décisions rendues dans cet intervalle, et présentant les indications mentionnées à l'article 7 ci-dessus.

Aux termes de l'article 8, la publication de ces tableaux de rectification tiendra lieu de notification aux individus dont l'inscription aura été ordonnée ou rectifiée.

Les décisions portant refus d'inscription ou prononçant des radiations, seront notifiées dans les cinq jours de leur date aux individus dont l'inscription ou la radiation aura été réclamée, soit par eux-mêmes, soit par des tiers.

Les décisions rejetant les demandes en radiation ou rectification seront notifiées dans le même délai tant aux réclamants qu'à l'individu dont l'inscription aura été contestée.

16. Le 16 octobre, le préfet procédera à la clôture de la liste. Le dernier tableau de rectification, l'arrêté de clôture et la liste du collège départemental dans les départements où il y a plusieurs colléges, seront affichés le 20 du même mois.

17. Il ne pourra plus être fait de changements à la liste qu'en vertu d'arrêts rendus dans la forme déterminée au titre suivant.

TITRE III.

Réclamations contre les Décisions du Préfet en conseil de préfecture.

18. Toute partie qui se croira fondée à contester une décision rendue par le préfet en conseil de préfecture, pourra porter son action devant la cour royale du ressort.

L'exploit introductif d'instance devra, sous peine de nullité, être notifié dans les dix jours, tant au préfet qu'aux parties intéressées.

Dans le cas où la décision du préfet en conseil de préfecture aurait rejeté une demande d'inscription formée par un tiers, l'action ne pourra être intentée que par l'individu dont l'inscription était réclamée.

La cause sera jugée sommairement, toutes affaires cessantes, et sans qu'il soit besoin du ministère d'avoué. Les actes judiciaires auxquels elle donnera lieu seront enregistrés gratis. L'affaire sera rapportée en audience publique par un des membres de la cour, et l'arrêt sera prononcé après que le ministère public aura été entendu.

S'il y a pourvoi en cassation, il sera procédé comme devant la cour royale, avec la même exemption de droits d'enregistrement, sans consignation d'amende.

19. Le recours et l'action intentés par suite d'une décision qui aura rayé un individu de la liste, ou qui lui aura attribué une quotité de contribution moindre que celle pour laquelle il était précédemment inscrit, auront un effet suspensif.

20. Le préfet, sur la notification de l'arrêt intervenu, fera sur la liste la rectification qui aura été prescrite.

TITRE IV.

Formation d'un Tableau de rectification en cas d'élection après la clôture annuelle des listes.

21. Lorsque la réunion d'un collége aura lieu dans le mois qui suivra la publication du dernier tableau de rectification prescrit par l'article 16, il ne sera fait à ce tableau aucune modification. Dans ce cas, l'intervalle entre la réception de l'ordonnance et la réunion du collége sera de vingt jours au moins.

22. Si la réunion a lieu à une époque plus éloignée, l'intervalle sera de trente jours au moins.

Dans ce dernier cas, le préfet fera afficher immédiatement l'ordonnance de convocation. Le registre prescrit par l'article 10 ci-dessus sera ouvert : les réclamations prévues par les articles 11 et 12 seront admises ; mais elles devront être faites dans le délai de huit jours, sous peine de déchéance.

Le préfet en conseil de préfecture dressera le tableau de rectification prescrit par l'article 6 de la loi du 2 mai 1827. Il le fera publier et afficher le onzième jour au plus tard après la publication de l'ordonnance, et les notifications prescrites par l'article 15 seront faites aux parties intéressées dans le délai de cinq jours.

23. L'action exercée conformément à l'article 18 sera portée

directement devant la cour royale du ressort : elle n'aura d'effet suspensif que dans le cas de radiation.

L'assignation sera donnée à huitaine pour tout délai, et la cour prononcera après l'expiration du délai. L'arrêt ne sera pas susceptible d'opposition.

24. Il ne pourra être fait de changement au tableau de rectification ci-dessus prescrit, qu'en exécution d'arrêts rendus par les cours royales.

TITRE V.

Dispositions générales.

25. Nul individu appelé à des fonctions publiques temporaires ou révocables ne pourra être inscrit sur la première partie de la liste du département où il exerce ses fonctions, que six mois après la double déclaration prescrite par l'article 3 de la loi du 5 février 1817.

26. Les percepteurs de contributions directes sont tenus de délivrer sur papier libre, et moyennant une rétribution de vingt-cinq centimes par extrait de rôle concernant le même contribuable, à toute personne portée au rôle, l'extrait relatif à ses contributions; et à tout individu qualifié comme il est dit à l'article 12 ci-dessus, tout certificat négatif ou tout extrait des rôles de contributions.

27. Il sera donné communication des listes annuelles et des tableaux de rectification à tous les imprimeurs qui voudront en prendre copie. Il leur sera permis de les faire imprimer sous tel format qu'il leur plaira de choisir, et de les mettre en vente.

28. Pour l'année 1828, les opérations ordonnées par la présente loi commenceront le premier jour du mois qui suivra sa promulgation, et seront poursuivies en observant les délais qu'elle prescrit.

La présente loi, discutée, délibérée et adoptée par la Chambre des Pairs et par celle des Députés, et sanctionnée par nous ce jour-d'hui, sera exécutée comme loi de l'Etat; voulons en conséquence, qu'elle soit gardée et observée dans tout notre royaume, terres et pays de notre obéissance.

Sɪ ᴅᴏɴɴᴏɴs ᴇɴ ᴍᴀɴᴅᴇᴍᴇɴᴛ à nos Cours et Tribunaux , Préfets ; Corps administratifs , et tous autres , que les présentes ils gardent et maintiennent, fassent garder, observer et maintenir, et, pour les rendre plus notoires à tous nos sujets , ils les fassent publier et enregistrer partout où besoin sera : car tel est notre plaisir ; et, afin que ce soit chose ferme et stable à toujours, nous y avons fait mettre notre scel.

Donné au château de Saint-Cloud , le 2ᵉ jour du mois de Juillet de l'an de grâce 1828 , et de notre règne le quatrième.

Signé CHARLES.

Par le Roi :

Le Ministre Secrétaire d'état au département de l'intérieur ,

Signé ᴅᴇ Mᴀʀᴛɪɢɴᴀᴄ.

Vu et scellé du grand Sceau :

Le Garde des sceaux de France, Ministre Secrétaire d'état au département de la justice , Signé Cᵗᵒ Pᴏʀᴛᴀʟɪs.

ᴅᴇ ʟ'ɪᴍᴘʀɪᴍᴇʀɪᴇ ᴅᴜ ᴄᴏᴍᴍᴇʀᴄᴇ, ᴄʜᴇᴢ Vɪᴄᴛᴏʀ Mᴀɴɢɪɴ, Quai de la Fosse, nᵒ 12, au bas de la petite rue des Capucins.